中国公路建设行业协会标准

公路隧道三台阶七步开挖法施工技术指南

Technical Guidelines for Construction of 3-Benches & 7-Steps Excavation of Highway Tunnel

T/CHCA 001—2019

主编单位：中铁十二局集团有限公司
批准部门：中国公路建设行业协会
实施日期：2019 年 10 月 01 日

人民交通出版社股份有限公司

图书在版编目(CIP)数据

公路隧道三台阶七步开挖法施工技术指南／中铁十二局集团有限公司主编. — 北京：人民交通出版社股份有限公司，2019.12
ISBN 978-7-114-16081-3

Ⅰ.①公… Ⅱ.①中… Ⅲ.①公路隧道—隧道施工—指南 Ⅳ.①U459.2-62

中国版本图书馆 CIP 数据核字(2019)第 279515 号

标准类型：中国公路建设行业协会标准
标准名称：公路隧道三台阶七步开挖法施工技术指南
标准编号：T/CHCA 001—2019
主编单位：中铁十二局集团有限公司
责任编辑：黎小东　朱伟康
责任校对：张　贺
责任印制：张　凯
出版发行：人民交通出版社股份有限公司
地　　址：(100011)北京市朝阳区安定门外外馆斜街 3 号
网　　址：http://www.ccpress.com.cn
销售电话：(010)59757973
总 经 销：人民交通出版社股份有限公司发行部
经　　销：各地新华书店
印　　刷：北京鑫正大印刷有限公司
开　　本：880×1230　1/16
印　　张：2.75
字　　数：50 千
版　　次：2019 年 12 月　第 1 版
印　　次：2019 年 12 月　第 1 次印刷
书　　号：ISBN 978-7-114-16081-3
定　　价：40.00 元
(有印刷、装订质量问题的图书，由本公司负责调换)

中国公路建设行业协会
公　告

第1号

中国公路建设行业协会关于发布
《公路隧道三台阶七步开挖法施工技术指南》的公告

现发布《公路隧道三台阶七步开挖法施工技术指南》(T/CHCA 001—2019)，作为中国公路建设行业协会标准(团体标准)，推荐全行业使用，自2019年10月1日起施行。

《公路隧道三台阶七步开挖法施工技术指南》(T/CHCA 001—2019)的管理权和解释权归中国公路建设行业协会，日常解释和管理工作由主编单位中铁十二局集团有限公司负责。

各有关单位如在执行实践中发现问题或有修改意见，请函告中铁十二局集团有限公司(地址：山西省太原市万柏林区西矿街130号，邮编：030024，电子邮箱：t12jkjb@163.com)，以便修订时研用。

中国公路建设行业协会
二〇一九年八月二十七日

前　言

本指南是根据《中国公路建设行业协会标准管理办法》的要求，由中铁十二局集团有限公司编制完成。

本指南编制过程中，编制组进行了深入调查研究，认真总结了我国公路隧道工程施工过程中的经验和教训，广泛征求有关单位和专家意见，经反复讨论、修改，由中国公路建设行业协会审查定稿。

本指南以公路隧道工程质量验收标准为依据，重点对施工过程中的施工工艺、操作方法、施工控制要点等提出了具体要求，突出了公路隧道三台阶七步开挖施工的技术特点。

本指南共分为11章，分别为：1 总则、2 术语、3 施工工艺流程、4 施工准备、5 超前地质预报、6 超前支护、7 开挖、8 初期支护、9 仰拱施工、10 二次衬砌施工、11 监控量测。

本指南由中铁十二局集团有限公司负责技术内容的解释。各单位在使用过程中如有意见或建议，请寄送中铁十二局集团有限公司，以供下次修订时研用。

主编单位：中铁十二局集团有限公司

主　　编：李五红
参编人员：李建军　张　隽　谭潘成　郭　强　商崇伦　赵香萍
　　　　　　田国锐　李　佐　都　强　赵光武　李　晓　高志峰

目　次

1 总则 … 1
2 术语 … 2
3 施工工艺流程 … 3
4 施工准备 … 5
5 超前地质预报 … 7
　5.1 一般规定 … 7
　5.2 预报内容及方法 … 7
6 超前支护 … 9
　6.1 超前锚杆 … 9
　6.2 超前小导管 … 9
　6.3 超前管棚 … 9
　6.4 超前预注浆 … 10
7 开挖 … 12
　7.1 一般规定 … 12
　7.2 上台阶开挖 … 12
　7.3 中、下台阶开挖 … 13
　7.4 隧底开挖 … 19
8 初期支护 … 20
　8.1 一般规定 … 20
　8.2 喷射混凝土 … 20
　8.3 系统锚杆 … 21
　8.4 钢筋网 … 23
　8.5 钢架 … 23
9 仰拱施工 … 25
　9.1 一般规定 … 25
　9.2 仰拱施工要求 … 25
10 二次衬砌施工 … 26
　10.1 一般规定 … 26
　10.2 二次衬砌施工要求 … 26

— 1 —

11 监控量测	28
11.1 一般规定	28
11.2 监控量测方法	28
11.3 数据分析及信息反馈	30
本指南用词说明	33

1 总则

1.0.1 为规范公路隧道三台阶七步开挖法施工技术要求,制定本指南。

条文说明

本指南是根据中铁十二局集团有限公司 1999 年编制的《大跨度软岩隧道短台阶七步平行流水作业施工工法》(99-12 工字 09 号),结合公司近几年的公路隧道施工情况,参考现行《公路隧道施工技术规范》(JTG F60—2009)、《公路隧道施工技术细则》(JTG/T F60—2009)、《公路隧道设计细则》(JTG/T D70—2010)、《公路工程施工安全技术规范》(JTG F90—2015)编制的。

1.0.2 三台阶七步开挖法适用于具备一定自稳条件的 Ⅳ、Ⅴ 级围岩的公路隧道。

条文说明

该方法适用于具备一定自稳条件的 Ⅳ、Ⅴ 级围岩地段的公路隧道,不同围岩级别、不同的跨度其开挖方法选择见表 1-1。

表 1-1 三台阶七步开挖法选择表

序号	按跨度分类	开挖宽度 $B(m)$	Ⅳ级围岩	Ⅴ级围岩
1	小跨度隧道	$B < 9$	宜选用	宜选用
2	中跨度隧道	$9 \leq B < 14$	宜选用	宜选用
3	大跨度隧道	$14 \leq B < 18$	宜选用	可选用

1.0.3 三台阶七步开挖法施工应将超前地质预报和监控量测纳入工序管理。

1.0.4 三台阶七步开挖法施工应及时施作锁脚锚杆(管),使每台阶的初期支护稳定,并及早闭合成环,及时实施仰拱和二次衬砌,形成稳定的支护体系。

1.0.5 采用三台阶七步开挖法施工,除应符合本指南要求外,尚应符合国家和行业现行有关标准的规定。

2 术语

2.0.1 三台阶七步开挖法 the 3-benches & 7-steps excavation

以弧形导坑开挖预留核心土为基本模式,将整个断面分成上、中、下三个台阶及隧底部分,形成七个开挖面(上台阶、中台阶左侧、中台阶右侧、下台阶左侧、下台阶右侧、核心土、隧底),各开挖面的开挖与支护沿隧道纵向错开平行推进的隧道开挖施工方法。

2.0.2 核心土 core soil

隧道各台阶中部保留用于支撑开挖面的岩体。

2.0.3 锁脚锚杆(管) feet-lock steel pipe

在拱脚贴钢架两侧边按与水平方向成一定角度打设的锚杆(无缝钢管),压注水泥浆或水泥砂浆,并将锚杆(钢管)尾部与钢架焊接为一体,起限制拱脚变形作用的支护杆件。

3 施工工艺流程

3.0.1 三台阶七步开挖法主要步骤包括：
 1 上部弧形导坑开挖,施作拱部初期支护。
 2 中、下台阶左右错开开挖,施作墙部初期支护。
 3 隧底开挖,施作隧底初期支护。
每部开挖后均应及时施作初期支护,隧底初期支护完成后应及时施作仰拱。

3.0.2 三台阶七步开挖法的施工工艺流程见图3.0.2。

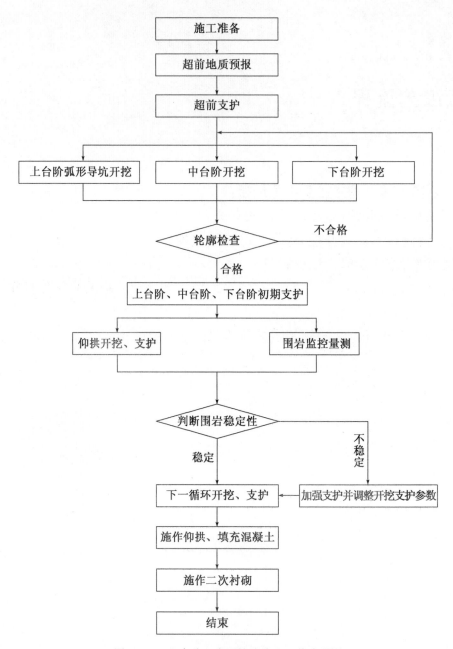

图 3.0.2 三台阶七步开挖法施工工艺流程图

4 施工准备

4.0.1 施工前应进行施工调查,调查内容包括:
1 工程所处地区的地形地貌。
2 工程所处地区的工程地质情况。
3 工程所处地区的水文地质情况。
4 工程所处地区的环境条件。
5 其他与工程相关的内容。

4.0.2 施工调查结束后应编写施工调查报告。

4.0.3 应编制三台阶七步开挖法施工作业指导书,开展技术交底和培训。

4.0.4 隧道进洞前应按设计要求做好边仰坡防护,完善洞口段截排水系统。

4.0.5 施工机械应针对工法特点并结合隧道断面大小进行配置,以实现机械化均衡生产。

4.0.6 施工人员应按专业化配备,并经培训合格后上岗,特殊工种作业人员应持证上岗。

4.0.7 隧道进洞前应建立测量控制网,浅埋区段布设地表沉降观测点。

条文说明
　　测量控制网分为平面控制网和高程控制网。

4.0.8 应做好工程所需材料的调查、选择和相关试验、检测工作。

条文说明
　　隧道工程所需材料应进行调查,做好相关试验检测工作。衬砌混凝土和喷射混凝土所用水泥必须采用旋窑工艺生产,碎石应使用反击破设备生产,材料进场前要严格进行检查验收和取样送检,杜绝不合格材料进入现场。同时应做好混凝土的配合比试验,并报监理工程师审批。

5 超前地质预报

5.1 一般规定

5.1.1 隧道施工前,施工单位应根据预报对象的特点和超前地质预报设计编制超前地质预报实施细则,并纳入实施性施工组织设计。

5.1.2 超前地质预报宜达到下列目的:
1 查明掌子面前方的工程地质与水文地质条件。
2 为动态设计和施工提供地质依据。
3 降低地质灾害发生的概率和危害程度。

5.2 预报内容及方法

5.2.1 超前地质预报应包含下列主要内容:
1 地层岩性预测预报,特别是对软弱夹层、破碎地层、煤层及特殊岩土的预测预报。
2 地质构造预测预报,特别是对断层、节理密集带、褶皱等影响岩体完整性的构造发育情况的预测预报。
3 不良地质预测预报,特别是对溶洞、暗河、人为坑洞、放射性、有害气体、高地应力、高地温等发育情况的预测预报。
4 地下水预测预报,特别是对岩溶管道水及富水断层、富水褶皱及富水地层中的裂隙水等发育情况的预测预报。

5.2.2 超前地质预报宜采用下列方法:
1 地质调查法;
2 物探法;
3 超前钻探法;
4 超前导坑预报法。

条文说明
地质调查法包括隧道地表补充地质调查和隧道内地质素描等;物探法包括弹性波反射法、电磁波反射法、红外探测、高分辨直流电法等;超前钻探法包括超前地质钻探、加深炮孔探测及孔内摄影。

5.2.3 地质条件复杂的隧道超前地质预报宜采用地质调查与勘探相结合、物探与钻探相结合、长距离与短距离相结合、地面与地下相结合、超前导坑与主洞探测相结合的方法，并对各种方法预报结果综合分析，相互验证，提高预报准确性。

6 超前支护

6.1 超前锚杆

6.1.1 超前锚杆的类型、规格、技术性能应满足设计要求。

6.1.2 超前锚杆施工应符合设计要求,在不易成孔的松散碎石土地层,宜采用自进式超前锚杆。

6.1.3 超前施工应满足以下主要规定:
1 锚杆沿开挖轮廓线周边均匀布置,测量放样定出锚杆孔位,允许偏差为 ±50mm。
2 钻孔达到设计要求后,用吹管、掏勺将孔内碎渣和水排出。
3 插入锚杆杆体,尾端与钢架焊接牢固。
4 锚杆按设计要求进行注浆。

6.2 超前小导管

6.2.1 超前小导管宜选用热轧无缝钢管,其规格和技术性能符合设计要求。

6.2.2 超前小导管施工应满足以下主要规定:
1 超前小导管按设计要求工厂制作。
2 小导管的安设应采用引孔顶入法,孔径较管径大 10～20mm。
3 安装小导管后,采用早强快凝材料封堵孔口处钢管与孔壁间空隙,必要时在小导管附近及掌子面喷射混凝土封闭。
4 注浆压力应符合设计要求,一般为 0.5～1.0MPa,注浆参数根据试验结果及现场情况调整。
5 注浆施工中应认真填写注浆记录。

6.3 超前管棚

6.3.1 超前管棚支护的长度和钢管外径应满足设计要求。

6.3.2 超前管棚施工应符合下列规定：

1 管棚布置根据设计或加固支撑的范围确定。钻孔孔径比钢管直径大 20～30mm。

2 钻孔前精确测定孔位、外插角，并对每个孔进行编号。

3 根据隧道地质情况选用不同类型的管棚钻机钻孔，钻完一孔及时顶进钢管，必要时采用套管跟进的方法钻进。

4 接长管棚钢管时，接头宜采用子母丝扣，拧满丝扣，丝扣长度不应小于 150mm，接头应在隧道横断面上错开。

5 注浆顺序由低到高，隔孔注浆。当注浆压力达到注浆终压，可结束单孔注浆，如未能达到设计终压，注浆量已达到设计注浆量的 2 倍，可结束单孔注浆。

条文说明

超前管棚施工钻孔精度控制分两种情况：一种情况是洞口施作管棚，通常设计有导向墙，通过对导向墙内的导向管进行精准定位来控制管棚钻孔精度；另一种情况是洞内施作管棚，需要通过测量仪器进行管棚钻点放样，钻杆前端就位于钻点放样点位，钻杆后端根据三维坐标数据严格调整钻杆角度。

6.4 超前预注浆

6.4.1 注浆段的长度应满足设计要求，宜为 15～30m。

6.4.2 注浆管的布置角度及深度应符合设计要求。

6.4.3 注浆材料及浆液配合比应根据地质条件、注浆目的、注浆工艺等因素确定。水泥宜选用普通硅酸盐水泥。采用水泥浆液时，水灰比可采用 0.5:1～1:1。采用水泥水玻璃浆液，应根据胶凝时间配制。一般水泥浆液的水灰比为 0.5:1～1:1，水玻璃浓度为 25～40°Bé，水泥浆与水玻璃的体积比宜为 1:1～1:0.3。

6.4.4 注浆压力应根据岩性、施工条件等因素在现场试验确定。注浆过程中应根据浆液扩散情况、注浆量、注浆压力等参数调整注浆材料和配合比。

6.4.5 注浆方式可选用前进式或后退式。

6.4.6 注浆施工应符合下列规定：

1 测量放样定出孔位，钻孔过程中严格控制仰角、平面角、长度等参数。

2 注浆机具设备应性能良好，满足使用要求。

3 注浆压力达到设计终压并稳定 10min，且进浆速度小于开始进浆速度的 1/4，或注浆量不小于设计注浆量的 80% 时可终止注浆。所有注浆孔不得漏注。

4 注浆后必须对注浆效果进行检查,如未达到要求,应进行补孔注浆。
5 注浆效果检查应符合下列规定:

(1)可采用 P-Q-T 曲线法、注浆堵水率分析法、检查孔法、孔内摄像法、物探无损检测法和取芯检查法等方法。

(2)根据钻孔、注浆记录,分析薄弱部位,进行针对性检查。

(3)采用检查孔法时,检查孔个数宜取总注浆孔的 3%~5%,检查孔应无坍孔,涌水量单孔时应小于 1L/(min·m)。

(4)可采取不同方法相互校核,综合评价注浆效果。

(5)检查孔应及时进行封堵注浆。

条文说明

分析法:分析注浆过程,查看每个孔的注浆压力、注浆量是否达到设计要求,注浆过程中漏浆、跑浆是否严重,分析是否与设计要求相符。

检查孔法:采用地质钻机按设计孔位和角度钻检查孔,截取岩芯进行鉴定,同时测定检查孔的吸水量(即钻机漏水量),单孔时应小于 1L/(min·m),全段应小于 20L/(min·m)。

物探无损检测法:采用地质雷达、声波探测仪等物探仪器对注浆前后岩体声速、波速、振幅及衰减系数等进行无损探测来判断注浆效果。

7 开挖

7.1 一般规定

7.1.1 隧道开挖宜以机械开挖为主,必要时辅以弱爆破。机械开挖前预留50cm原土采用人工开挖。

7.1.2 挖掘机应自上而下扒渣,装载机装渣、挖掘机配合,自卸车运渣。上台阶洞渣利用挖掘机扒至中台阶,开挖拱脚时,挖掘机不得损坏已有的支护,少量洞渣必要时采用人工清理至中台阶。

7.1.3 开挖进尺应根据初期支护钢架间距确定,Ⅴ级围岩宜为1榀钢架,Ⅳ级围岩不超过2榀钢架。

7.1.4 上、中、下台阶宜预留核心土,开挖进尺与各台阶循环进尺相一致。

7.1.5 台阶长度宜为3~5m。

7.1.6 分步平行开挖,平行施作初期支护。

7.1.7 隧道开挖轮廓应按设计要求预留变形量,并根据监控量测动态调整。

7.1.8 完善洞内临时防排水系统。

7.2 上台阶开挖

7.2.1 超前支护完成后,上台阶应预留核心土环向开挖。

7.2.2 上台阶开挖高度应根据地质条件、断面大小合理确定,开挖矢跨比应大于0.25。

7.2.3 核心土宽度宜为上台阶开挖宽度的1/3~1/2。

7.3 中、下台阶开挖

7.3.1 中、下台阶开挖高度宜为 2.5～3.5m，左、右侧应错开 2～3 榀钢架。

7.3.2 中、下台阶掌子面稳定时可不预留核心土。

7.3.3 洞口段或断层破碎带施工时，中、下台阶应根据地质条件、监控量测数据等综合判断确定开挖时机和步序。

7.3.4 三台阶七步开挖步骤见图 7.3.4-1，开挖透视见图 7.3.4-2，施工工序见图 7.3.4-3。

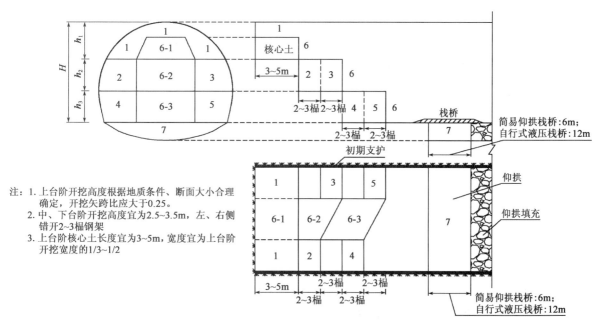

图 7.3.4-1 开挖步骤图

条文说明

7.1～7.3 隧道开挖台阶长度宜为 3～5m，当隧道位于富水软弱破碎地层时，上台阶的长度可调整到 5～7m，以确保施工安全。上台阶高度要求应满足"开挖矢跨比应大于 0.25"的条件，即拱部开挖高度与开挖跨度比值应大于 0.25。根据公司近 10 年来采用该工法施工的 10 多座双车道、三车道隧道施工经验，当矢跨比大于 0.25 时，拱部开挖比较稳定。中、下台阶开挖高度的划分，可根据隧道实际开挖断面大小和地质情况酌情调整。中、下台阶左右侧宜错开 2m 以上。在富水洞口段或富水断层破碎带各分部宜采用单工序流水作业，根据围岩量测情况判断下一工序施作时机。公司采用该方法施工的双车道、三车道公路隧道开挖参数调查情况见表 7-1 和表 7-2。

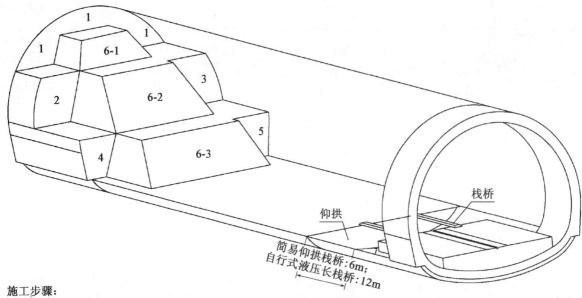

施工步骤：
第1步：施作超前支护后，开挖拱部弧形导坑，预留核心土，施作拱部初期支护；第2、3步：开挖左右侧中台阶并施作初期支护；第4、5步：开挖左右侧下台阶并施作初期支护；第6步：分别开挖上、中、下台阶核心土；第7步：开挖隧底并施作仰拱初期支护封闭成环。

图 7.3.4-2　开挖透视图

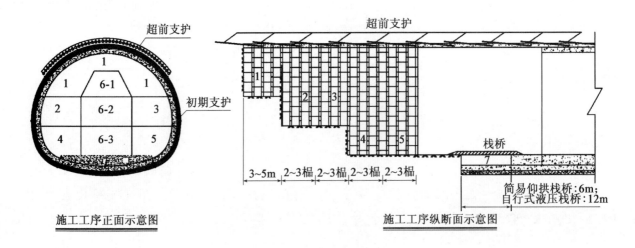

施工工序正面示意图　　　　　　施工工序纵断面示意图

图 7.3.4-3　施工工序图

表 7-1 双车道公路隧道开挖参数统计表

隧道名称	工程地质水文情况	V级围岩段开挖轮廓				上 台 阶			矢跨比	中 台 阶			下台阶
		开挖最大高度(m,不含仰拱)	开挖最大宽度(m)	仰拱开挖高度(m)	开挖高度(m)	开挖宽度(m)	长度(m)	循环开挖进尺(榀)		中台阶高度(m)	长度(m)	中台阶左右侧错开距离(m)	下台阶高度(m)
太古高速公路西岩山隧道	石灰岩夹白云质灰岩、泥灰岩，强风化，节理裂隙发育，围岩破碎。含水层为煤层中及上覆砂岩裂隙水和碳酸盐岩溶岩裂隙水，大部为地表松散岩类及风化壳裂隙潜水下渗水及裂隙水，洞体有淋水、渗水，局部富水	8.31	12.77	2.15	3.19	11	3~5	2	0.29	3.16	4	2	1.96
广甘高速公路赵家岩隧道	以粉砂质泥岩为主，夹灰岩、泥灰岩、中薄层，岩体较破碎、镶嵌碎裂结构，整体稳定性一般。存在基岩裂隙水和孔隙水，浅埋段呈股状，洞身范围内一般为线状淋水，遇降雨水量会明显增加	9.05	12.82	1.25	2.8	10.3	5	1.6~2.4	0.27	3.61	7	2.4	2.64
炎汝高速公路四峰山隧道	强风化砂质页岩夹软弱层，围岩自稳能力差，拱部无支护时易产生塌方，冒顶及掉块，侧壁可能失稳。存在基岩裂隙水和孔隙水，雨季强降雨时洞内地下水出水状态为淋雨状或涌流状渗出	8.5	12.76	1.9	3	11	5	1~2	0.27	3	6	3	2.5

续上表

隧道名称	工程地质水文情况	V级围岩段开挖轮廓					上台阶				中台阶			下台阶
		开挖最大高度（m，不含仰拱）	开挖最大宽度（m）	仰拱开挖高度（m）	开挖高度（m）	开挖宽度（m）	长度（m）	循环开挖进尺（榀）	矢跨比	中台阶高度（m）	长度（m）	左右侧错开距离（m）	下台阶高度（m）
原神高速公路野马梁隧道	IV级围岩48%，V级围岩42%，灰岩、泥灰岩、强风化，层间结合差，节理裂隙发育	9	12.5	1.5	3.5	10.54	4	1.5	0.33	3	8	2	2.5
香德公路白茫雪山3号隧道	主要为全风化、强风化页岩，质软，水稳性能差，极易风化裂解。出口段岩性以第四系冰碛碎石、块石为主，散体结构。第四系松散堆积层孔隙水和浅变质岩构造裂隙水，隧道一般涌水量为29.1m³/h；隧道在雨季涌水量为一般总涌水量的2倍计，为58.2m³/h	8.6	12.2	1.7	3.3	10.7	5~7	2~3	0.3	2.7	5~7	2	2.6
延延高速公路杜家坪隧道	V级围岩黄土隧道，地质条件复杂多变，穿越滑坡体多，施工安全风险较高，隧道部分地段渗水	9.9	12.7	0.9	3.5	11.3	5	1~2	0.3	2.8	6	3	2.6
小康公路包家山隧道	粉砂质绢云母千枚岩夹炭质板岩，富水，区域断层褶皱发育，单作业面涌水量最小31m³/h，最大涌水量210m³/h	9.8	12.5	1	3.5	11.1	5	1~2	0.315	2.7	6	2	2.6

开 挖

表 7-2 三车道公路隧道开挖参数统计表

项目名称	隧道名称	工程水文地质情况	V级围岩					上 台 阶				矢跨比	中 台 阶			下台阶
			最大开挖高度（m，不含仰拱）	最大开挖宽度（m）	仰拱开挖高度（m）	开挖高度（m）	开挖宽度（m）	台阶长度（m）	循环进尺（榀）			开挖高度（m）	长度（m）	左右错开距离（m）	开挖高度（m）
重庆沿江高速公路	古树岩1号隧道	岩性为砂岩夹泥岩灰岩，泥质灰岩，水位较高	10.26	14.48	2.08	3.46	12.32	3~5	0.8~1	0.28	3.75	8	3	3.05
	古树岩2号隧道		10.26	14.48	2.08	3.46	12.32	3~5	0.8~1		3.75	8	3	3.05
广乐高速公路	大瑶山1号隧道	下伏基岩为泥盆系上统佘田桥组灰岩，泥盆系中统东岗岭组灰岩，泥盆系中下统桂头群砂岩及震旦系乐昌峡群组浅变质粉砂岩，沿线地形、地质条件复杂，不良地质发育，对隧道有影响的不良地质以岩溶为主，特殊地质进口岩溶1号隧道山位于大瑶山岩溶区	9.84	17.60	2.31	3.39	14.55	3~5	1~2	0.232	3.27	4~6	2~3	3.174
	大瑶山2号隧道	主要为震旦系乐昌峡群浅变质粉砂岩	9.84	17.60	2.31	3.39	14.55	3~5	1~2		3.27	4~6	2~3	3.174
	大瑶山3号隧道	下伏基岩主要为震旦系乐昌峡群浅变质粉砂岩夹板岩，进出口溪流水位均低于隧道底高程	9.84	17.60	2.31	3.39	14.55	3~5	1~2		3.27	4~6	2~3	3.174

续上表

项目名称	隧道名称	工程水文地质情况	V级围岩			上 台 阶					中 台 阶		左右错开距离（m）	下台阶开挖高度（m）
			最大开挖高度（m,不含仰拱）	最大开挖宽度（m）	仰拱开挖高度（m）	开挖高度（m）	开挖宽度（m）	台阶长度（m）	循环进尺（榀）	矢跨比	开挖高度（m）	长度（m）		
浙江富阳公园路项目	东洲新城隧道出口	隧洞穿越全~微风化基岩，覆盖层厚，埋深浅，围岩综合级别综合评价为V级，围岩稳定性差，易坍塌，支护不及时会发生大坍塌，侧壁易失稳，小~中坍塌，软弱破碎带可能发生中等变形	8.79	16.2	2.21	2.85	13.1	3~5	2	0.217	3.6	8	1~2	2.34
紫惠高速公路	好义隧道	隧址区为丘陵地貌区，进口处于浅埋段及F2断层带，围岩为第四系残坡积粉质黏土和全强风化岗岩及断层碎裂岩，局部为中风化花岗岩，受断层影响，岩体破碎，稳定性差，开挖时易坍塌。出口处于浅埋段，围岩为第四系残坡积粉质黏土和全强风化变质砂岩，局部为中风化变质砂岩。洞身主要由中~微风化花岗岩及变质砂岩组成。地表水系发育	9.38	17.65	2.53	3	13.8	3	0.8~1	0.217	3	8	3.5	3.38

7.4 隧底开挖

7.4.1 隧底开挖宜随下台阶开挖同步实施,初期支护应及时闭合成环。

8 初期支护

8.1 一般规定

8.1.1 初期支护应按设计要求施工,材料应满足设计及规范要求。

8.1.2 初期支护施作前,超挖部分应回填密实。

8.1.3 初期支护应紧跟开挖及时施作,保证围岩稳定和施工安全。

8.1.4 初期支护应根据现场监控量测动态调整。

8.2 喷射混凝土

8.2.1 喷射混凝土施工应采用湿喷工艺。

8.2.2 喷射混凝土必须满足设计厚度、强度及其与岩面黏结力的要求,采用埋钉法或锚杆头控制厚度,厚度不足时应及时补喷。

8.2.3 受喷面处理应符合下列要求:
  1 检查开挖断面净空尺寸,清除浮石、危石。
  2 宜用高压水冲洗受喷面上的浮尘、岩屑,当岩面遇水容易潮解、泥化时,宜采用高压风吹净岩面。
  3 当受喷面有渗漏水时,应事先做好治防水工作。大股涌水宜采用注浆堵水,小股水或渗漏水宜采用注浆或导管引排,大面积潮湿的岩面宜采用黏结性强的混凝土,也可采用干喷混凝土快速封闭渗水岩面。
  4 结冰的受喷面不得进行喷射混凝土作业。

8.2.4 喷射作业应分片、分段,从拱脚或墙脚自下而上依次进行。作业时应避免上部喷射回弹料虚掩拱(墙)脚。当岩面有较大凹洼时,先找平凹洼处,后喷射凸出部分,各部平顺连接。

8.2.5 初喷混凝土应在开挖后及时进行,厚度宜控制在 40~60mm。复喷应按设计厚度分层、分段进行喷射作业,复喷一次喷射厚度拱顶不得大于 100mm,边墙不得大于 150mm。分层喷射的后一层应在前一层混凝土终凝后进行。

8.2.6 喷嘴应垂直岩面喷射,喷嘴到喷射面距离宜为 1.5~2.0m,沿水平方向以螺旋形画圈移动。

8.2.7 喷射作业应优先喷射钢架与岩面间混凝土,再喷射钢架间混凝土,喷嘴应向钢架两侧适当倾斜,喷实钢架背后。

8.2.8 喷射作业宜采用手持式车载湿喷机,喷射能力应大于 $20m^3/h$,混凝土输料距离:水平方向不应小于 30m,垂直方向不应小于 20m。

8.2.9 应根据环境条件、机具设备等进行配合比设计和选定,配合比设计参数应符合下列要求:
1 速凝剂掺量应根据水泥品种、水胶比等,通过试验选择确定。
2 坍落度宜控制在 100~140mm;纤维混凝土坍落度宜控制在 160~180mm。
3 喷射混凝土水胶比宜为 0.4~0.5;喷射合成纤维混凝土水胶比宜为 0.35~0.45,钢纤维混凝土的水胶比宜为 0.45~0.5。
4 胶凝材料用量不宜小于 $400kg/m^3$;钢纤维喷射混凝土胶凝材料用量不宜小于 $450kg/m^3$。
5 采用纤维混凝土时,纤维掺量应符合设计要求。设计无具体要求时,钢纤维掺量宜为干混合料质量的 1.5%~4%;合成纤维掺量应根据纤维的品种、规格按照产品的相关技术条件确定。

8.2.10 施工前应进行试喷工艺性试验,确定喷射距离、风压等工艺参数;当设备或配合比等条件发生变化时,应重新进行试喷工艺性试验。

8.2.11 喷射混凝土养生宜采用喷雾方式。

8.3 系统锚杆

8.3.1 锚杆类型、规格、技术性能应满足设计要求。

8.3.2 锚杆钻孔施工应符合下列要求:
1 钻孔机具应根据锚杆类型、规格及围岩情况和作业空间进行选择。
2 孔位允许偏差为 ±150mm,钻孔数量应符合设计规定。

3 水泥砂浆锚杆钻孔直径应大于锚杆杆体直径15mm。其他形式锚杆钻孔直径应满足设计要求。

4 钻孔深度不应小于锚杆杆体有效长度,但深度超长值不应大于100mm。

条文说明

锚杆钻孔机具选择要考虑锚杆类型、规格、围岩情况及施作空间,上台阶拱部系统锚杆施工受空间限制,钻孔时可选用MQT系列气动锚杆钻机和不同长度和规格的钻杆配合完成,如图8-1所示。

图8-1 MQT-130/3.2气动锚杆钻机在某隧道上台阶钻孔作业

8.3.3 锚杆安装前应做好下列检查工作,并做好原始记录:
  1 锚杆孔位、孔径、孔深及布置形式应满足设计要求。
  2 孔内应无积水、岩粉应吹洗干净。
  3 锚杆杆体应调直、除锈及清除油污。
  4 锚杆外端标准螺纹应有效,逐根检查并与标准螺母试装配。

8.3.4 普通水泥砂浆锚杆施工应符合下列要求:
  1 普通水泥砂浆锚杆材料、直径、插入孔内长度,应满足设计要求。
  2 砂浆应在初凝前使用,已初凝的砂浆不得使用。
  3 砂浆灌浆后应及时插入锚杆杆体。锚杆杆体插到设计深度时,孔口应有砂浆流出;若孔口无砂浆流出,则应将杆体拔出重新灌浆。全长黏结锚杆应灌浆饱满。
  4 垫板、螺母应在砂浆初凝后安装。垫板与喷射混凝土应紧密接触。

8.3.5 中空注浆锚杆施工时应保持中空通畅,并留有专门排气孔。螺母应在砂浆初凝后拧紧。

8.3.6 水泥砂浆药包锚杆施工应符合下列要求:
  1 应对药包做泡水检验。

2 药包不应有受潮结块现象。
3 药包应以专用工具推入钻孔内,防止中途破裂。
4 锚杆插到设计深度时,孔口应有砂浆流出。
5 应使垫板与喷射混凝土紧密接触。

8.4 钢筋网

8.4.1 钢筋网材料应满足设计要求,钢筋网钢筋在使用前应调直、清除锈蚀和油渍。

8.4.2 钢筋网应在工厂加工成钢筋网片,运输至现场后,进行钢筋网片铺设。

8.4.3 钢筋网铺设应符合下列规定:
1 应在初喷混凝土后铺设钢筋网。
2 钢筋网紧贴喷面,与喷面最大间隙不宜大于30mm。
3 钢筋网应固定牢固,喷射混凝土时不宜晃动。
4 钢筋网搭接长度不得小于一个网格长边尺寸。

8.5 钢架

8.5.1 钢架所需材料、性能及加工制作应符合设计和规范要求。

8.5.2 钢架加工应符合下列要求:
1 钢架应采用工厂化、分节段加工。每节段进行编号,注明安装位置,长度根据设计尺寸和台阶高度确定。
2 型钢钢架宜采用冷弯法制作成型。格栅钢架应按1∶1胎模控制尺寸,所有钢筋节点必须采用焊接。
3 接头螺栓孔必须采用机械钻孔,孔口采用砂轮机清除毛刺和钢渣,严禁采用气割冲孔。
4 不同规格的首榀钢架加工完成后,应进行试拼,周边拼装允许偏差为±30mm,平面翘曲应小于20mm。

8.5.3 钢架安装工序
1 拱部单元安装工序:放样确定钢架基脚位置→施作定位筋→架设钢架→布设纵向连接筋。
2 墙部单元安装工序:墙脚部位铺设槽钢垫板→施作定位筋→对应拱部单元架设墙部钢架单元→布设纵向连接筋。

8.5.4 钢架安装应符合下列要求：

1 钢架宜在初喷后安装。

2 安装前应检查开挖断面轮廓、中线及高程。

3 钢架安装应确保两侧拱脚必须放在牢固的基础上或底部铺设槽钢，底脚处的虚渣及其他杂物彻底清除干净。

4 钢架立起后，根据中线、水平校正到正确位置，然后用定位筋固定，并用纵向连接筋将其和相邻钢架连接牢靠。

5 钢架和初喷混凝土有较大间隙时，每隔2m应采用骑马或楔形垫块顶紧。

6 钢架安装时应垂直于隧道中线，竖向不倾斜、平面不错位，不扭曲，上、下、左、右允许偏差±50mm，钢架倾斜度应小于2°。

条文说明

钢架安装时，上、下、左、右允许偏差±50mm，钢架倾斜度应小于2°。主要是通过控制上台阶拱架的安装质量来保证整榀拱架的安装质量，中下台阶接长拱架时重点是保证连接板的连接质量。

8.5.5 锁脚锚杆(管)施工应符合下列要求：

1 锁脚锚杆(管)的材料、规格应符合设计要求。各台阶每单元钢架拱(墙)脚处打设4根或4根以上锁脚锚杆(管)。

2 锁脚锚杆(管)设置在拱脚上30~50cm处，紧贴钢架两侧按下倾角30°~45°打设。

3 锁脚锚杆(管)按设计要求进行注浆。

4 锁脚锚杆(管)与钢架牢固焊接。

5 锁脚锚杆(管)在钢架安装完成后及时施作。

条文说明

为控制锁脚锚杆(管)的打设位置、方向满足要求，通常在钢架加工时，拱脚节段设计位置焊接锁脚环(图8-2)或将锁脚锚杆尾部加工成L形。

图8-2 钢架拱脚锁脚环加工及锁脚锚管打设图

8.5.6 仰拱钢支撑的数量必须满足设计要求，与边墙拱架连接牢固。

9 仰拱施工

9.1 一般规定

9.1.1 仰拱开挖支护及仰拱混凝土浇筑宜整断面一次成型,不得左、右半幅分次开挖、浇筑。

9.1.2 仰拱浇筑应和仰拱填充分开。

9.2 仰拱施工要求

9.2.1 仰拱开挖应符合下列要求:
1 仰拱开挖应严格控制超欠挖,超挖部分应采用与衬砌同强度等级混凝土回填密实。
2 挖至设计高程时,底面应圆顺,清除虚渣,并做好排水设施,清除积水。

9.2.2 仰拱初期支护应符合下列要求:
1 开挖后应及时施作初期支护。
2 仰拱钢架与边墙钢架按设计要求连接牢固。

9.2.3 仰拱混凝土施工应符合下列要求:
1 仰拱混凝土施工采用简易仰拱栈桥或自行式液压栈桥,栈桥的强度、刚度、稳定性应满足施工要求。
2 每循环浇筑长度:简易仰拱栈桥6m,自行式液压栈桥宜大于12m。
3 仰拱施工缝和变形缝应按设计要求设置止水带,施工过程中做好保护。

10 二次衬砌施工

10.1 一般规定

10.1.1 二次衬砌通常应在围岩和初期支护变形基本稳定后施作,衬砌到掌子面的距离:Ⅳ级围岩不宜大于90m,Ⅴ级围岩不宜大于70m。

10.2 二次衬砌施工要求

10.2.1 衬砌台车加工应符合下列要求:
   1 衬砌台车应具有足够的强度、刚度、稳定性,进场验收合格后方可投入使用。
   2 衬砌台车面板厚度不宜小于10mm,顶部两端及中部各设一个排气孔,直径宜为$\phi20\sim\phi30$mm,排气孔兼作观察孔和注浆孔。
   3 衬砌台车宜配置定型组合钢端模(带环向中埋式止水带固定夹具)和自动布料系统。

10.2.2 衬砌施工应符合下列要求:
   1 一般条件下待变形稳定后施作衬砌,特殊条件下(如松散堆积体、浅埋地段)隧道衬砌应在初期支护完成后及时施作。
   2 应按设计要求设置沉降缝;衬砌施工缝应与设计的沉降缝、伸缩缝结合布置。
   3 衬砌台车对位前应检查初期支护断面、防水板、排水盲管、衬砌钢筋、预埋件等隐蔽工程,做好记录。
   4 衬砌台车对位时应检查中线、高程及净空尺寸。
   5 混凝土宜采用自动化分层逐窗入模浇筑技术。
   6 混凝土运输车的运输能力应满足施工需要,保证泵送混凝土供应连续。
   7 二次衬砌混凝土浇筑完成后衬砌拆模前,宜及时通过注浆管进行注浆,注浆设备采用注制浆一体机,注浆材料具有微膨胀、高流动性、早强等特性。
   8 拆模后宜立即采用自动喷淋养生设备进行混凝土养生,在寒冷地区应做好衬砌的防寒保温工作。

条文说明
   变形稳定应符合下列要求:

1 施工前对初期支护断面进行检查,确保衬砌厚度满足设计要求。
2 监控量测项目的位移速率明显下降,围岩基本稳定。
3 各项位移已达到预计总变形量的80%~90%。
4 周边位移或拱顶下沉速率小于0.2mm/d。

11 监控量测

11.1 一般规定

11.1.1 应编制监控量测实施细则,经批准后实施。

11.1.2 应配置专业的监控量测人员和设备,监控量测人员经培训合格后上岗。

11.1.3 监控量测系统应可靠、稳定、运转正常,仪器设备应按规定进行检定/校准。

11.2 监控量测方法

11.2.1 监控量测宜采用非接触量测方式,通过数据采集软件、移动网络及线上平台等软硬件系统,实现数据采集、传输分析、预警发布与处理全过程信息化管理。

11.2.2 量测项目可分为必测项目和选测项目,必测项目见表11.2.2,选测项目可结合工程实际情况,按照《公路隧道施工技术规范》(JTG F60—2009)的规定选取。

表11.2.2 监控量测必测项目

序号	监测项目	测量方法和仪表	备注
1	洞内、外观察	现场观察,地质罗盘仪	
2	初期支护拱(墙)脚净空变化	采用非接触无尺量测法,全站仪	
3	初期支护拱顶下沉	采用非接触无尺量测法,全站仪	
4	地表沉降	采用水准测量或非接触无尺量测法,水准仪或全站仪	浅埋隧道($H_0 \leq 2B$)、洞口段、下穿高速公路(建筑物)段必测

注:H_0-隧道埋深;B-隧道最大开挖宽度。

11.2.3 隧道浅埋、下穿建筑物地段应在隧道开挖前布设地表沉降观测点。地表沉降点和隧道内测点应布置在同一断面里程。地表沉降点测点纵向间距可按表11.2.3的要求布置。

表 11.2.3　地表沉降测点纵向间距

隧道埋深与开挖宽度、高度	纵向测点间距(m)
$2B < H_0 \leq 2(B+H)$	15～30
$B < H_0 \leq 2B$	10～15
$H_0 \leq B$	5～10

注：H_0-隧道埋深；H-隧道开挖高度；B-隧道最大开挖宽度。

11.2.4 地表下沉监测范围横向应延伸至隧道中线两侧$(1\sim2)(B/2+H+H_0)$；纵向应在掌子面前后$(1\sim2)(H+H_0)$。测点间距宜为$2\sim5m$，并应根据地质和环境条件进行调整。

11.2.5 拱顶下沉测点和净空变化测点应布置在同一断面上，监控量测断面可按表 11.2.5 的要求布置。

表 11.2.5　隧道内监控量测断面间距

围岩级别	断面间距(m)
Ⅴ～Ⅵ级	5～10
Ⅳ级	10～30

11.2.6 拱顶下沉测点、净空变化测点布置见图 11.2.6，并应符合下列规定：

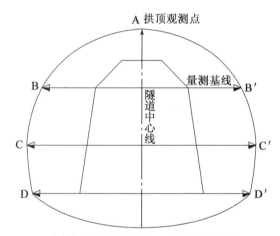

图例：▲拱顶观测点　◁周边收敛测点
A-拱顶下沉测点；B-B′-上台阶净空量测基线；C-C′-中台阶净空量测基线；
D-D′-下台阶净空量测基线

图 11.2.6　洞内测点、测线布置示意图

1 上台阶开挖并施作拱部初期支护完成后，布设拱顶下沉测点 A 及上台阶净空量测基线 B-B′，在 2h 内取得初读数据。

2 中台阶开挖并施作上部边墙初期支护完成后，布设中台阶净空量测基线 C-C′，在 2h 内取得初读数据。

3 下台阶开挖并施作下部边墙初期支护完成后，布设下台阶净空量测基线 D-D′，在

2h 内取得初读数据。

4 其他量测项目应在开挖后 12h 内取得初读数据,最迟不得超过 24h,且在下一循环开挖前完成。

11.2.7 测点应埋入围岩中,深度不应小于 0.2m,不应焊接在钢支撑上,外露部分应有保护装置。

11.2.8 各测点取得初读数据后,应按照位移速度和量测断面距掌子面的距离,选择量测频率,见表 11.2.8。出现异常情况时,应加大量测频率。

表 11.2.8 量 测 频 率

位 移 速 度		距掌子面距离	
位移速度(mm/d)	量测频率	量测断面距掌子面距离(m)	量测频率
≥5	2~3 次/d	(0~1)B	2 次/d
1~5	1 次/d	(1~2)B	1 次/d
0.5~1	1 次/(2~3)d	(2~5)B	1 次/(2~3)d
0.2~0.5	1 次/3d	>5B	1 次/(3~7)d
<0.2	1 次/(3~7)d		

注:1. B-隧道开挖断面宽度;
　　2. 当按照"位移速度"和"量测断面距掌子面距离"选择量测频率出现较大差异时,宜取量测频率较高的实施。

11.3 数据分析及信息反馈

11.3.1 监控量测信息反馈应根据监控量测数据分析结果,对隧道稳定性进行评价,并提出相应工程对策与建议。

11.3.2 施工过程中应进行监控量测数据的实时分析和阶段分析,并应符合下列要求:
1 实时分析:每天根据监控量测数据及时进行分析,发现安全隐患应分析原因并提交异常报告。
2 阶段分析:按周、月进行阶段分析,总结监控量测数据的变化规律,对施工情况进行评价,提交阶段分析报告,指导后续施工。

11.3.3 量测数据分析应符合下列要求:
1 量测数据整理时,应将原始数据按照大小顺序,用频率分布的形式显示出一组数据分布情况,进行数据的数字特征计算以及离散数据的取舍。
2 绘制位移-时间变化曲线,通过回归分析预测最终位移值和各阶段的位移速率。

条文说明

绘制位移-时间变化曲线,通过回归分析预测最终位移值和各阶段的位移速率。具体方法如下:

1 将量测数据输入计算机系统,绘制位移-时间变化曲线(U-t 曲线),如图 11-1 所示。

2 若 U-t 曲线如图 11-1a)所示趋于平缓,通过数据处理或回归分析,可推算最终位移值,掌握位移变化规律。

3 若 U-t 曲线出现类似图 11-1b)所示情况,表明变形有加快发展趋势,表明围岩和支护处于不稳定状态,应停止前方掌子面掘进,加强支护。

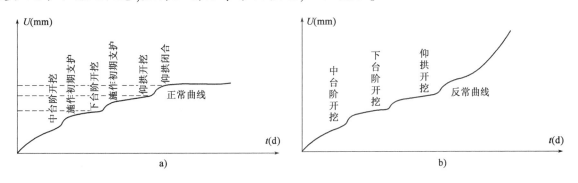

图 11-1 位移-时间变化曲线示意图

11.3.4 围岩稳定性的综合判别应根据量测结果,按下列指标判定:

1 实测位移值不应大于隧道的极限位移,并按表 11.3.4 位移管理等级施工。一般情况下,宜将隧道设计的预留变形量作为极限位移,而设计变形量应根据监测结果不断修正。

表 11.3.4 位 移 管 理 等 级

管 理 等 级	管理位移(mm)	施 工 状 态
Ⅲ	$U < U_0/3$	可正常施工
Ⅱ	$U_0/3 \leq U \leq 2U_0/3$	应加强支护
Ⅰ	$U > 2U_0/3$	应采取特殊措施

注:U-实测位移值;U_0-设计极限位移值。

2 根据位移速率判断:速率大于 1.0mm/d 时,围岩处于急剧变形状态,应加强初期支护;速率变化在 0.2~1.0mm/d 时,应加强观测,做好加固的准备;速率小于 0.2mm/d 时,围岩达到基本稳定。在高地应力、岩溶地层和挤压地层等不良地质中,应根据具体情况制定判断标准。

3 根据位移速率变化趋势判断:当围岩位移速率不断下降时,围岩处于稳定状态;当围岩位移速率变化保持不变时,围岩尚不稳定,应加强支护;当围岩位移速率变化上升时,围岩处于危险状态,必须立即停止掘进,采取应急措施。

条文说明

一般情况下,采用三台阶七步开挖法施工时,围岩与支护变形具有以下规律:如图11.2.6所示,开挖中台阶时,A点和B-B′基线位移会发生突变,中台阶墙部初期支护施作完成后,变形趋于平缓;开挖下台阶时,A点和C-C′基线位移会发生突变,下台阶墙部初期支护施作完成后,变形趋于平缓;开挖隧底时,A点和D-D′基线位移会发生突变,仰拱初期支护施作完成,支护全环闭合后,变形趋于平缓。

本指南用词说明

执行本指南条文时,对于要求严格程度的用词说明如下,以便在执行中区别对待。

(1)表示很严格,非这样做不可的用词:

正面词采用"必须";

反面词采用"严禁"。

(2)表示严格,在正常情况均应这样做的用词:

正面词采用"应";

反面词采用"不应"或"不得"。

(3)表示允许稍有选择,在条件许可时首先应这样做的用词:

正面词采用"宜";

反面词采用"不宜"。

(4)表示有选择,在一定条件下可以这样做的,采用"可"。